Desgarradas

poesia

Desgarradas

Juliana Flor

coragem

Porto Alegre
2024

© Editora Coragem, 2024.
© Juliana Flor, 2024.

A reprodução e propagação sem fins comerciais do conteúdo desta publicação, parcial ou total, não somente é permitida como também é encorajada por nossos editores, desde que citadas as fontes.

www.editoracoragem.com.br
contato@editoracoragem.com.br
(51) 98014.2709

Projeto editorial: Camila Costa Silva e Thomás Daniel Vieira.
Revisão final: Nathália Cadore.
Capa: Iasmine Nique e Lorenzo Costa.

Porto Alegre, Rio Grande do Sul.
Primavera de 2024.

Dados Internacionais de Catalogação na Publicação (CIP)

F632d   Flor, Juliana
     Desgarradas / Juliana Flor; [apresentação] Lucilene Canilha
Ribeiro. – Porto Alegre: Coragem, 2024.
     112 p. : il. – (poesia)

     ISBN: 978-65-85243-22-3

     Poesia – Literatura brasileira. 2. Literatura brasileira. 3.
Poemas. 4. Literatura sul-riograndense. I. Ribeiro, Lucilene
Canilha. II. Título. III. Série.

                                 CDU: 869.0(81)–1

Bibliotecária responsável: Jacira Gil Bernardes – CRB 10/463

Desgarrar (BRAS) int . - Desviar do rumo, sair do caminho, ficar à parte, abrir para um lado da pista (como nas corridas de cavalos).

Desgarrado (BRAS) Adj. - Diz-se de pessoa ou animal (principalmente de cavalos de carreiras) que saiu ou se encontra fora do caminho, mal encaminhado, extraviado. // FIG: devasso, licencioso, pervertido [r/us.]. FRAS: desgarrado como pau de rodeio (isolado, fora de tudo).

SCHLEE, Aldyr Garcia. *Dicionário da Cultura Pampeana Sul-Rio-Grandense.* Pelotas: Fructos do Paiz, 2019.

Eis aqui as palavras desgarradas, de gente desgarrada, que não se doma

Juliana Flor nos convoca ao sentipensar criativo com os corpos transbordantes de memória de uma pampa que cabe no pátio. Nos ensina a domesticar essa sensação de delírio que as cores, os cheiros e os silêncios do breu e do céu cor de rosa trazem. Coisa de bruja, que aprende na lida a falar com o fogo, a domar a sopa na chapa do fogão, a escolher as ervas de feitiço e de cura com o cosmos. Essa necessidade vital que nós, desgarradas, temos de nos aconchegar no colo da pampa maldita. Uma hermana que conheci na subversão do galpão e que já esperava por mim. Sempre que preciso deixo minha alma embarcar no Guaíba e dissolver-se na Lagoa dos Patos ao encontro dela no canal de São Gonçalo. Juntas, navegamos rumo ao Atlântico em busca das nossas.

Mariana Garcia

A poesia de Juliana Flor: pertencimentos femininos do mito ao agora

Conheci Juliana Flor através da poesia. Nunca nos vimos pessoalmente até o momento da escrita deste texto, mas, quando leio seus versos, sinto uma espécie de conexão, sinto que pertenço à mesma matilha, à mesma tropa. Isso não porque eu seja poeta também, mas por entender seus signos, falar sua língua, dançar na mesma métrica. Seus versos afogueados são criadores de um espaço e um tempo nos quais as fronteiras são insignificantes. Sejam físicos ou espirituais, reais ou míticos, de hoje e de ontem, aqui e lá, tudo está interligado e transformado pelo verbo. E é nele que existimos, resistimos.

No título, adjetivo feminino plural, nos deparamos com a possibilidade do desvio, da existência múltipla, da inconstância, de estar sem garras, mas não sem ganas ou perdidas. Os textos evocam uma unidade diversa, feminina e criadora. Em seus lugares solitários, autora e leitores conciliam-se pela palavra fecunda de Juliana. O livro é entremeado de breves poemas em que um pássaro nos conduz por um voo poético, ora sorrindo, ora sonhando, às vezes perdido, em certos momentos transfigurado em abuela. Invariavelmente somos levados por essas asas que desconhecem os limites, as demarcações e seguem em contínuo movimento livre.

A poeta aborda o espaço real e mítico do território gaúcho, o pampa, contemplando-o para além das fronteiras, derrubando cercados temáticos e linguísticos, como no poema *"e se fossemos nosostras assim / inventando qualquer cosa / inventaria rio abaixo um bilhete [...] imbentaríamos capaz que uma lengua nova / donde pudesse despertar estrelas callejeras / o marinas cheias de la sal / y povoar la pampa gáucha / como se fuera um arco-íris campeiro [...]"*. Aqui, temos uma espécie de manifesto de sua escrita, que reinventa o mundo em que está inserida, declarando uma profunda necessidade de ressignificar os símbolos e a tradição a partir da inclusão do universo das mulheres. O uso do portunhol, do português e do espanhol revelam uma língua comum, falada em nossa terra e que, por sustentar-se na dimensão criadora e potente da poesia, não precisa de tradução, pois evoca a capacidade do entendimento de uma cultura pautada no livre trânsito entre um espaço e outro, em um campo semântico mestiço. Não há limites linguísticos que cerceiem a poesia de Juliana Flor, mas somente invenção, ressignificação e afeto. Em total sintonia com Monique Wittig que, em *As guerrilheiras*, diz "se eu me apoderar do mundo, que seja para me desapoderar dele imediatamente, que seja para criar novas relações entre mim e o mundo", a poeta compõe versos como quem sugere que nós vejamos este mundo sob essas novas relações, que identifiquemos o possível através do sentidos que nos movem, que corramos livres neste universo desnudado por ela.

O universo mítico do pampa une-se à realidade vivenciada, rompe-se o véu que separa os dois mundos. O espaço da poesia é plural aonde somos povo, comunidade e, nessa ideia de um cosmos diverso, que não respeita limites de tempo e território, várias vozes são chamadas a compor juntas essa obra. Alguns diálogos com outros escritores e escritoras são mencionados nominalmente ao fim dos poemas, enquanto outros são evocados pelo texto.

Dentro desse espaço, a fauna aflora de maneira abundante. Sejam cães, cavalos, pássaros, gatos, peixes ou vagalumes, todos são parte compositiva da essência da eu-lírica, da sua maneira de entender o mundo e de perceber a existência de um cosmos que se pretende unificado e plural. Seres humanos, animais e plantas coexistem e cada um começa onde o outro termina, um explica melhor o outro. Em alguns poemas, essa ideia de uma comunhão existencial ganha força sob a figuração da feminilidade, como no caso do poema *"la vaca parindo / una pampa fêmea y andarilha pago afora / não só de pasto / mas de corpo de égua / de cio [...] entre guachas e vaquilhonas / verdejando a passo / num desbotar de céu / dessa pampa-sereia / víbora / salamanca / que um dia foi / mal / dita"*.

O mundo natural que permeia esse imaginário está manifestado de inúmeras formas, mas as águas, o fogo e a noite aparecem com mais força e adquirem variadas possibilidades de significação em todo o livro. As águas do rio, do mar, da chuva, do suor, dentre tantas outras, sempre em constante movimento, sempre acontecendo, são transportadoras do tempo da poesia. São elas que margeiam os territórios e que conduzem o porvir, fenômeno que ocorre nos versos *"quando transborda esse rio--avó [...] / vaza vaza vaza / esse rio-fera / sussuarana boca d'água fundo de lagoa"*. A menção às orixás também reforça essa ideia, além de acrescentar o espectro religioso à questão: *"queria agora / ver no fundo do espelho de Oxum / aquela coisa que disseram não existir / agora que sou forra não sei de água para beber"*; *"a dizer sobre as boas novas que vêm / do peito de Oxum e dos braços / de mamãe Iemanjá"*. Todas confluem para a impermanência do ser, ao mesmo tempo que tangem o agora. A noite, por sua vez, instaura a possibilidade de um lugar/tempo em que tudo pode acontecer. É na penumbra, nas horas escuras, que a poesia de Juliana se inspira para mostrar o lugar por vezes mágico, facilitador dos desdobramentos do real e do mítico, como o que podemos ver no poema *"Ao longe tem um perrito cantando / é meia-noite na pampa / ainda não dá pra apagar a escuridão / porque brilha no olho do rio / dizem que é cisco, mas não é / só nós sabemos y hace tiempos / sabemos / que é uma sirena rediviva"*. O fogo, transfigurador da matéria, com seu amplo campo semântico, se faz presente não só na condição de força capaz de transformar, mas também como um elo entre as mulheres, essas tão perseguidas e expostas/castigadas por tal elemento ao longo da história (*"Sobrevivi ao fogo / como quem sobrevive a meia noite / não findada"*), e hoje exímias manipuladoras dele, como mencionado no verso *"cabe a nós dominar o fogo e a erva"*. Assim como o fogo é capaz de transmutar a matéria, a poesia transmuta a vida.

Por fim, destaco a presença feminina extremamente constante desde o título da obra. Não são poucas as menções às fêmeas, às bruxas, às avós, às orixás, às mulheres em inúmeras manifestações. Todas em completa comunhão e agentes da apropriação de um território tão marcado pelo masculino (entenda-se aqui o pampa gaúcho ou a poesia). De salamancas a lobisomas, de Nanã a Oyá, de Marília Kosby a Conceição Evaristo, de gatas a ovelhas, de abuelas a chinas, somos representadas pelas incontáveis vozes que compõem uma história silenciada, uma poesia pouco escrita. Nos deparamos mais de uma vez com a bruxaria do cotidiano: *"feito um barco que corre manso / pela lagoa e sentir o prenúncio / de uma geada fêmea a ditar as cositas / entre as bruxarias da cozinha"*; *"uma bruja nova / ferve seu caldeirão"*, apagando a marca da maldade incutida por anos de um patriarcado cultural perverso. Os saberes dessas mulheres aparecem em versos como *"Eliza vai rebentar / porque assim diziam as antigas / que olhavam o céu noturno / com seus queixumes e ervas de / mulher parida / e ainda sabem de tais mistérios"*. Através deles, enxergamos essa comunidade de bruxas/mulheres que cuidam, sustentam, encantam e recriam o mundo.

Quando a poesia de Juliana Flor me encontrou eu já a necessitava, mas ainda não havia conseguido nomear a falta que ela me fazia. Seu primeiro livro foi um aceno para eu me achegar, mas com *Desgarradas* encontrei uma irmandade na qual me insiro toda vez que leio e releio cada poema. Me sinto em casa, me enxergo "gáucha", "bruja", "perra-bezerra", "sereia", *"essa coisa feita e desfeita / metade gente, metade bicho / entre fogo e água / talvez de um chinaredo qualquer / nem caducas, nem benzedeiras [...] / aquelas do mar infinito"*, me encontro na pampa fêmea, me permito ser "ovelha de mato" e soltar minha "crina ao vento". A poeta nos mostra a beleza e a urgência de estarmos perdidas, dispersas, desgarradas e permite que nos reencontremos pelo fogo, pela água, pela noite, pelas palavras. Ela nos lembra que há muitas vidas existimos e resistimos através da poesia, e que, se depender de poetas como ela, continuaremos amparadas por um bom tempo.

Lucilene Canilha Ribeiro.

Desgarradas

sorrindo
como se fosse
um pássaro perdido

sobrevivi ao fogo
como quem sobrevive à meia-noite
não findada
pesadas cargas de tempo
em coisas quebradas
ou ardidas
no suor do frio
e das mãos enroladas
nas folhas do vento
 que passou assobiando esses dias
e fez um rebuliço
nas louças e espelhos
cacos, misericórdia
ruínas coçando
bate e volta e revira
sem saudade nem nada
é só feito sobreviver ao fogo
igual aquela meia-noite
que tardou a findar

beira fogo
beira mar
da chuva do sal
sobrevoando na librina
uivo de gente-bicho
matagal de rumos
vagalumeando dessabores
como se fossem líquidos de maçã
perrito novo
dulce de leite y goiabada
um corpo memória que deixa rastros
mia forte
e se transforma em labareda

sol que em junho comigo deita
feroz vulcão que saliva não dá conta
nem librina muito menos sangue
numas ondas pouco brabas que ainda
arrepiam porque queima mesmo sem querer
tostando a pele como se fosse coisa boa
e é só por sentir o cheiro da noite
que não vou deixar ir embora

a boca da madrugada
não é calada nem noite
é bafo morno de leite recém-fervido
de dedos gelados
porque nem tudo é só céu
há corpos que giram ao alto
muy lejos das vistas
e as gotículas de um suor dormido
não dão conta de contar
sobre o sonho
pois quero mesmo é me atirar
nos pelos da noite
feito um barco que corre manso
pela lagoa e sentir o prenúncio
de uma geada fêmea a ditar cositas
entre as bruxarias da cozinha
e os sapos chamando a chuva

se soubesse
que o rio era
manso
teria
se afogado
antes

uma lua boa para crescer
com ventos e folhas
num mar de quinquilharias
o verbo
morrendo de golpe ou de frio
meio que tropeçando
com a goela tapada de caramelo
desde a noite passada
mas não doía
era só uns soluços
tocando no chão
com os joelhos
sentindo o pasto molhado
pela chuva que vem do oceano
antes de ayer
quando o céu derreteu as estrelas
e de colapso garuoso
brotou uma nova fera mítica
metade água, outra nuvem
com rugido de cachorro-mirim
porque era golpe
golpe fundo
que fez o galo cantar ao meio-dia
descarrilhando trens
e as gatas virarem febre
porque no fim
tudo tinha gosto de azul-marinho

essas chuvas de julho
o sal–mar
os sonhos de talvez
os pés no charco
a cabeça revirada de navegar
indagações da viajante sem tino
um fogo que silencia
bate y segue sem cantar
dói a garganta
de tanto sol e coisas vivas
e cachorro afobado
multitudes de uma pampa
lejana
bem na asa do chimango
naquela terra encharcada

e se fosse no fundo desse rio
sem escafandro nem medo
se os olhos se transformassem
numa coisa ardida
meio peixe meio gato
só para ver surgir umas barbatanas
e uma cauda multicolorida
na sombra de uma noite *bem-dita*

no copo uma curtida
de butiá
quase ardendo a geada
se assomando no pago
a luna llena
roçando no negror do céu
enquanto o lombo da lenha
estala no fogo
e o peito apitando
um grito mudo
há tempos
o ramo metido
na garrafa de vinho
e um tremor
que não é de calcanhar
é outra coisa mais acima
que comparto entre *nosotras*
porque não é somente
a língua
que não se doma

Lembrança de Glória Anzaldúa

e se por acaso
fosse sonho
o outono
ainda daria tempo de ver
as estrelas?
feito uma calle cheia
de *burbúrios*
sem tiros sem sono
só aquele cheiro de folha
balançando
meio que tingida
acertando em cheio
a palma dos pés
sendo desgarrada andando
por aí
nos braços daquelas árvores

a chaleira balbuciando
uma cria nova se anuncia
enquanto as gatas estão no telhado
e a chuva de ayer segue caindo
tudo virado em pasto molhado
com cheiro de carqueja
e aquela mulher prenha
faz e torna a desfazer
os nós inventados pelas bruxas
que volta e meia
andam bulindo nas crinas
das éguas
e aos poucos o bucho
vai sendo ocupado
a teta mãe sem susto
vai pegando gosto de lavanda
com suor
o corpo todo tomado
porque tem cria nova
e o coração bate feito ondas
de uma noite sublime

Para Miriel e sua cria
Lembrança do filme A Teta Assustada

uma bruja nova
ferve seu caldeirão
e aqueles raios de Iansã
clareiam a testa
o dia
animando o fogo
que está custando a vingar

olhei para o céu negro
respirando fundo o cheiro
desse dia ainda não feito
e já canta algo longe
bem lejos
despertando macegas e saracuras
tento lembrar o sonho
e não posso saber o que foi
mas sinto o pequeno frio
nas narinas e nos dedos
enquanto o gato visitante
grita algum lamento depois de comer
talvez isso seja uma espécie de
algariamento e vazio
esqueci as palavras que já usei
mas recordo de andar no banco de trás
do fusca amarelo
olhando as fogueiras
para São João

há gosto do som
do sol beirando a rio
há gosto molhando o barro
da vila e virando limo
se o sal não for suficiente
põem-se açúcar
na ferida
porque tudo
à gosto
quando os olhos cerram
e vê aquela cabeleira de pasto
sobre as coxilhas
e as galinhas correndo no pátio
atrás de ovo escondido
e não é mau gosto dizer que tudo isso
tem um cheiro que fica grudado
no céu da boca de um dia qualquer
porque mesmo de soslaio
te miro
igual ao lume que te reluz
à
gosto

não eram bem três da madrugada
quando mirei o céu e senti
o brilho do trio de Órion
da mulher velha que guia entre
o sol e a murta
em um nascer cósmico e telúrico
porque não é fácil sair do grito
e se atirar nos braços da pampa
como se ainda fosse uma *niña*
e resistir ao orvalho do tempo
que cai assim no más
para ensinar una *lengua* nova
e esse entrevero de ser gente
e saber existir
naquela *nesga* de luz
no pátio da Maria

Votos dos 39
último da década dos 30

sou um sol de raios vivos
e fantasmagóricos
deitando nos pastos pampeiros
que sentiram a geada
quiçá a última geada desse inverno
um cordão de pássaros sobrevoa lentamente
enquanto aquele cheiro de fim de tarde
vem chegando para decretar a noite
lembrei do Bilú e miro esses outros perros
e a mim mesma transformada pelos tempos
entre cabelos brancos
e novos passaredos redivivos
perto de casa

Uma lembrança para Alfonsina Storni:
"sou uma selva de raízes vivas"

e se fôssemos nosotras assim
imbentando qualquer cosa
imbentaria rio abaixo um bilhete
escrito con los cabelos de la mar
un sonido longo... lejos...
uivando feito cachorros
só para dizer de multitudes
y bichos con cabeça de onça
imbentaríamos capaz que una lengua nova
donde pudesse despertar estrellas callejeras
o marinas cheias de la sal
y povoar la pampa gáucha
como se fuera un arco-íris campeiro
con tropas de gado pro Zeca carnear
o comer o beber por ellas
como hacía el bisabuelo o negro Bonifácio
imbentaríamos uma mágica flautita de Yaguarú
para soplar alguna risa-calor
más allá de las ruas
violero y
salir por aí
a caçar fantasmas dos tempos presentes

o vento bole com as árvores
um negrume de céus y estrellas
ardor de solidão y luar
com planetas piscando os olhos
para ninar una *niña grande*
os satélites lá fora
derramam borras escandalosas
y a cadeira de balanço da área
volta y meia se sacode sozinha
como a esperar fantasma
o pago com aquele cheiro
de vagalumes e carqueja
já se abre numa fileira do esperançar
y a chuva com seus pezitos
tentando atravessar os campos da quarentenária
para se aquerenciar nesse poço desnutrido
desse pasto seco e de pouco gado
batendo y reboleando rosas
mas sem gris nem nada
apenas sendo esse som banhado
púrpura ventania
 querendo dizer y lembrar
que o fogo ainda arde
nas brasas do fogão à lenha

A partir de Conceição Evaristo
A partir de Clarissa Ferreira

o coração ponteiro
um corpo que pegou susto
saudades tenho do sovaco da abuela
das suas grandes tetas queimadas
do ninar aquela sestia
numas tardes calorentas que fazia
no Cerro do Matadouro
lá não pegava susto
era igual viver sem *dó*
e dizer poemas para as galinhas
caçar vassoura de bruxa
brincar com as bonecas de milho
e seus cabelinhos crespos
falar sobre mormaço
junto ao limoeiro
e vez que otra ver a chuva
vindo a passo do Uruguay
un mirar profundo
pegando a gente
sentindo y galopeando no más
com as moscas y as vacas
o jardim das onze horas
e o marmeleiro dizendo alguma coisa
entre o doce e a aflição

os campos nevados
a paisagem pampera
o cavalo magro quer dizer alguma coisa
ou nada
um feixe de luz dispara em múltiplas direções
mediadores navegantes intermediários andarilhos
porque é preciso correr o risco
encontrar a palavra entre as alfaces
seguir a trilha das formigas
nem céu muito menos inferno
apenas aquele cavalo magro
entre feixes de redes atômicas ou satélites

Lembrança de Bruno Latour

la vaca parindo
una pampa fêmea y andarilha
pago afora
não só de pasto
mas de corpo de égua
de cio
de água
essa pampa–nuestra
de carnes e vivas
quemada de frio
de solidão
de mormaço
gemendo feito os uivos
dos bezerros que aparecem de noite
quase rebentando
entre guachas e vaquilhonas
verdejando a passo
num desbotar de céu
dessa pampa–sereia
víbora
salamanca
que um dia foi
mal
dita

os juncos despontam redivivos
como se fossem a cabeleira da Lagoa
e o brilho do som das águas
batendo constante no barco
as nubens anchas
o cheiro despegando de ocre
do esgoto da cidade
feito algo que não se enxerga
um exagero *e ainda bem que não é dor*
mas antropologias
das árvores caquéticas
à espera de dilúvio ou raio
assombração
fantasmagoria submersa
de umas ruínas aquáticas
feito algodão
num mero desespero por existir
entre tempos e cobras
num céu diurno estelar
e chão de cósmica púrpura
bruteza inversa
real realidade
entre rostos que querem
sem dizer magnífico ou maravilhas
porque eis o mistério

tudo vai acalmar
quando a onda de estrelas marinas
sobrevoar a costa sul

o eixo da bicicleta
estalou
enquanto pedalava
no país da delicadeza
e aquele perfume
subia desde o blusão

y
cuando só
queria maravilhas
um soco
uma patada
y não foi
no coração
meu bem
longe disso
foi na boca
do estômago

de hora enfim chegada
essa madrugada transcendental
que cai em *pontos catastróficos*
nem deus, alma ou mundo
para aliviar os tempos dos fins
num cosmos passado
o último bastião
sob a luz do dia

A partir de Eduardo Viveiros de Castro
e Déborah Danowski

nesse tabuleiro
entre peões e baronesas
para nós não há uma trégua
nem rei que salva cabeças
talvez dê um atino
porque de laço esse couro entende bem
de frio
de vidrilhos
do fedor translúcido cheio de veias
e na pernada desse xeque mate
não sou
afinal aquela mulher?
porque dei risada da meia-noite
que se achava dia
feito pena ou café requentado
e não foi isso que contaram
depois que prenderam a luz
e viram a lobisoma
cheia de vida

Lembrança de Sojounner Truth

desaforadamente
o gosto do céu de baunilha
depositou chuva na ventana
e nunca mais desgrudou
da barra das saias dos dias
mirando fixo o vidro suado
feito o resto da casa e do corpo
ardendo igual brasa prendida
há tempos
no candeeiro
e não é por que está gris
que não se pode sentir
o cheiro das coisas

sonhando
feito alguém
que fervilha
ilusão

não se quer da madrugada
nada mais que um toque
esse animal notívago
que se mira com força no espelho
e não vê ao certo se é tempo ou faísca
cabe a nós dominar o fogo e a erva
sendo de palmo a palmo
terranas cósmicas
enquanto cachorros anunciam o fim do mundo
ainda é possível que haja outro desastre
uma era de gelos e tormentas
afagos lunares com cheiro de morango y miel
alguns dirão inverdades
que não eram perros, mas *vaquilhones*
que bailavam enquanto o sol se ia
definitivamente
caindo junto com o céu

Lembrança de Bruno Latour
Lembrança de Davi Kopenawa e Bruce Albert

a faixa do sol acobreado
o gado comendo o que sobrou da colheita
aquele corpo fugitivo e cansado
não era só desespero, mas uma coisa
feita de aflição
enquanto as moscas
pousavam nos sapatos
e a chuva de ayer não apareceu
no silêncio da madrugada
a cada dia se cumple ano
e uma ferida vai ficando pelo camino
lembrei do Mário em seu Majestic
e aquela laranja mordida
que ficou por fazer
nas horas apressadas do verão
que parecia escaldar
mas só serviu para
colocar em dia o mau olhado
afogando aquilo que não presta
entre os dentes
de um dia bom para sentir saudades

Uma lembrança de Mário Quintana

1996
dançávamos *menina veneno*
nos inferninhos
da fronteira

não se pôde entender nada
desde que riscaram o chão
com vara de eucalipto
e todas começaram a gaguejar
coisas de uivos
como se fosse um tempo de aço
sem dormir
era casa caindo no sono
era animal preso pelos dentes
um dia ainda é capaz que solte
a primavera
e terá fim a agonia

Lembrança de José Saramago
Lembrança de Secos e Molhados – primavera nos dentes

lindo será o dia
que ninguém pedirá
pra morrer
só para ter descanso desta vida

sorrindo
feito uma pájara abuela

quando transborda esse rio-avó
com cheiro de lugar velho
tocando de leve o presente
juntando as areias de sal
tiempos de vida
circulando o sol-fim
quase espectro náufraga
batendo lavando quarando
vaza vaza vaza
esse rio-fera
sussuarana boca d'água
fundo de lagoa
barro e ocre
de florescências cósmicas
neste paralelo sul
que bate no peito

queria agora
ver no fundo do espelho de Oxum
aquela coisa que disseram não existir
agora que sou forra
não sei de água para beber
tão logo agora que
sou forra parece tudo
como se estivesse perdido
já afrouxei o gibão
pero é preciso um punhado de silêncio
para sentir o gosto doce
por que é isso
sou negra forra

Obá
responde por mim
que nada sei da vida

não está fácil falar das queixas
as varizes evidentes
o peso das pernas
porque penas não tem mais
e o último vintém foi gasto
antes de ontem
comprando um punhado
de bala mocinho

só pra lembrar que hoje eu existo
às 6h39 ainda existo
no suor da ilusão
ainda existo
numas chuvas brabas
vem a tentação
não quero usar a palavra
porque existir é barra pesada
com o vento forte que vem da Lagoa
e atravessa milenares e rezas
queixumes de eternidade e novenas
e ainda assim existo
porque é tempo

Bará Agelu

um tormento de bater cabeça
é quinta-feira
pero não chove
a chave
o cachorro
o menino
não faltam mais flechas

sobrevoando
feito um pássaro perdido
— assuntando —

6h30 – o céu cor-de-rosa algo quer dizer
ou é apenas *un sueño otoñal*
igual as cores da saia da abuela
que vesti em tempos de tormenta
o que será que tudo isso queria dizer?

Lembrança del mago Eduardo Mateo – Sueño Otoñal

a gata amarela
se deitou confortável
nas pernas de mamãe
mia docemente
como se quisesse dizer
mas não diz

não soube de mais nada
nem *enganos ou parecenças*
aquele menino
o cavalo
metade susto
outro mal querença
entre trilhos e descaminhos
feito dia gris pero não morde
na sombra do tempo rarefeito
um raio fulminante de imensidão
y nada de sentir-se perdido de vento
era somente um dia qualquer
entre as bostas e o asfalto
y uma sonolência a embalar sonho perdido

Lembrança de Conceição Evaristo

ninguém entende da clave
até tê-la cravada no peito
e aí pode ser tarde demais
porque depois de dobrar a esquina
já não há o que fazer
ouvindo desde lejos o falar canino
e uma dor que é mais afago do que caminho
e aí se atina – não há como sair dessa
ilesa ao que o sol conta

Desacorçoada: o frio chega

não foi por quebrar o espelho
que viramos isso
essa coisa feita e desfeita
metade gente metade bicho
entre fogo e água
talvez de um chinaredo qualquer
nem caducas nem benzedeiras
porque de fato esquecemos as rezas
de meu deus
aquelas do mar infinito
que viramos sereia ao naufragar
e é bem capaz de andar aí
entre *jaraus* e cortejos
em saias de vestido
para dizer
coisa de assombração e nubens
que brotam cinzas desde o Uruguay
bendição de domingo de ramos
e o vidrilho do espelho
segue ardendo no fogão à lenha

Jarau: "Cerro do município de Quaraí, Rio Grande do sul, ao qual se atribuem ocorrências mágicas desde os tempos das missões jesuíticas e onde se localiza a recomposição literária da lenda Salamanca do Jarau" (p. 546). Aldyr Garcia Schlee – **Dicionário da Cultura Pampeana Sul-Rio-Grandense**, Ed. Fructos Paiz, 2019.

mal sabe o dia de brotar
porque a noite segue grudada
em suas espaldas
e uma certa ocasião
sussurra tempo áspero-rosáceo
entre vielas e escombros
uterinamente vivaz
foi a galinha-mãe quem pariu a perra-bezerra
capaz que bendita de coisa nenhuma
ladrando e mordendo a chuva
com dentinhos metálicos
coando a hortelã entre as pernas
enquanto se escreve nas portas
dos banheiros públicos
e a neve do século passado
faz cama na goteira
e é só porque sim
de revirar tripas e inocências
que se continua a rezar queixumes

um pouco
de relâmpago
não faria mal algum
porque aquilo que rebenta
se transforma em luna cheia

Iansã

primeiras desgarradas

há ovelhas que são para mato
esquecem do sacrifício
e se jogam noite afora
em busca de chuva
sem glória ou deus
para aliviar
porque são desgarradas
cortam a mironga
cortam a mironga
seguem comendo o espinilho
cortam
com *faca amolada*
mato adentro
sem glória ou ais
cortam a mironga
do falador
porque são desgarradas

> *ponto de umbanda para Ubirajara peito de aço*
> *Doces Bárbaros – fé cega, faca amolada*

ao longe tem um perrito cantando
é meia-noite na pampa
ainda não dá pra apagar a escuridão
porque brilha no olho do rio
dizem que é cisco, mas não é
só nós sabemos
hace tiempos
sabemos
que é uma sirena rediviva

a noite tem som maciço
quase caindo
entorpece pero não mata
víbora sem peçonha
que coisa de afago boxe
até adormecer as pernas

a lua cresce nos matos
feito comer escondido
madrugada no pago
falares de grilo
faísca palpitação otoñal
num gosto de bergamota

queríamos a mordida da boca da noite
para dar susto e reviver o dia dos
cravos vermelhos
um raio de sal
e deixar que tudo se explodisse
como se fosse um *balão mágico*

sol retinto
fim de tarde
luz–cobre
uma feroz lejanía
pontiaguda
fel–cetim
feito um grito
e nada más

Epa Babá

quero dar-te
as bienvenidas
nessa casa de luz felina
de braços estendidos
cuerpo y alma
a brisa da madrugada
fervilhando
antes de derreter o tempo
porque o justo caos
chegou antes de ayer

Lembrança del mago Eduardo Mateo
— disco Cuerpo y alma

juntam-se os cacos
graminhas de pó compacto
o tango toca forte
Astor Piazzolla!
e uma gota bate coração
no fundo de um rio-balde

chove há dias
sem tormenta
        sem nada
uma água mansa de eternidade
oxidando as paredes e os ouvidos
zunindo igual ao sussurro das plantas
e do vazio
nessa madrugada de umidades

sonhar
feito um pássaro perdido
na primavera

Maria Padilha

na profundeza da noite
numa encruza que não é só baile
dona da boca e do verso
dizendo mais quinquilharias
eh Padilha! que mulher não saliva
com o desejo de mistérios e paragens
se transformando em onça braba
naquelas barrancas
porque é de ais e amores
seguindo a passo no más
o bem-querer entre rosas y perfumes
na fumaça da lua que alumia séculos
nas passadas de uma solidão
em chão de estrelas

Nanã

queria o colo de Nanã
para sentir o murmurinho
do vento
e o dulce embalo de la mar
lá pros lados daquela curva
que não se avista a lua
em quarto minguante
pero sente a canção
de ninar una niña grande

Lembrança de Conceição Evaristo

das brutezas se faz a vida
entre quereres e cheganças
igual noite de São João
desencantos de umas antropologias
entre ilhas e histórias
nas redes ou malhas
andarilhas ou navegantes
de pago qualquer
nem desatino tão pouco navalha
bricoler entre os ventos de Oyá
nas encruzilhadas noturnas

Lembrança de Marshall Shalins, Bruno Latour, Tim Ingold e Claude Lévi-Strauss

agora de fato
chegou o fogo
numas brasas vivas
de suor e dia
nos punhos de uma galáxia

do sonho ou da vigília
repensando caminhos
porque a palavra é minha luta
e minha sina
do tempo em que as cobras
tinham asa
e os *camatinhos* faziam casa
na porta da frente
onde o vô Zeca dependurou
o quadro de São Jorge
e depois foi dormir com os dragões
é preciso de uma era sem espinhos
quando os desejos serão glórias
e a flor
meio que insistindo
a sorrir diante do caos

hasta el fuego
precisa de suspiros

esbrasiei o coração
feito ferida
que de rebenta fez céu claro
na boca do aguaceiro
passei a febre do mar
mirando no grão do olho do mundo
a umidade e o cheiro de mofo calcinado no tempo
sem a maresia do sul global
olhando em cheio o amor
do afogado mais bonito do mundo
que trazia no peito a cabeleira secular
da sierva Maria de todos os ángeles
enquanto os galos cantavam a pedra de um dia novo
e as luzes da casa
aún acesas
como se tivesse medo de algum fantasma perdido
alheio às intempéries de novembro
e aquele vento manso
balançando a alma das coxilhas
cantando lamento profundo
dos bem-te-vi recém-paridos
porque de fogo entende bem
o sussurrar mal dito
entre saias de vestido
e o gosto de terra e pão caseiro
daqueles dias febris

Para Lucilene Ribeiro e seu exausto coração esbraseado
Lembrança de Gabriel García Márquez

será que sonho?
feito um pássaro perdido na chuva

o frio agora guia estrelas
neste mar de assobios
no meio dos galhos das árvores
que desmaiaram ayer
deixando o sol entrar
feito esfera lúcida
mas não devora
apenas aponta
o caminho das coisas

quero sim botar tempo
neste poema
feito às 11h28
com sal e ovo cozido
na mesa da sala de jantar
dando mergulhos na caneca
de chá cítrico esfriado
porque todas as portas estão abertas
para receber com bem-vindas
o inverno

mesmo que siga esse vento
que sea
um pássaro perdido
assuntando el sur

esse dia gris
ladra pero não morde
sorrindo igual a um *pássaro perdido*
entre tempestades e desalinhos
rumbo à margem de um tempo qualquer

que toque esse vento–medo
sendo siempre
um pássaro perdido
    o norte não faz mais sentido

qual galáxia perdida
terá sido inventada no inverno de 2029?
talvez da estrela que desabou
no miolo da praça
na faísca da língua das gatas
porque sabem encantamentos y
ratos comidos pela geada
que cai no barro
e anuncia chuva para depois de amanhã
só que não afoga
nem ásperas ou sentidos
tampouco sapos ou bem-te-vis
muito menos o fogo que guarda as ilusões
mas do cheiro de terra molhada
que atiça comer

o que será da memória
quando não existir
mais
os cavalos?

quero das águas
o canto de sereia
bem das profundezas do rio
que faz luz com a lua cheia
queimando as vivazes noturnas
do peito
porque tardio no tempo
enroscado nos galhos das figueiras

Eliza

se a lua entrar em quarto minguante
Eliza vai rebentar
porque assim diziam as antigas
que olhavam o céu noturno
com seus queixumes e ervas de
mulher parida
e ainda sabem de tais mistérios
uma dolor que mais parece rosa
com o cheiro das madrugadas
feitas para receber filha recém
bienvenida
e tudo isso porque somos velhas
parideiras a andar pela terra
esperando Eliza em noite de
quarto minguante

Para Eliza nas vésperas do seu aparecimento

tem dias que simplesmente
não quero nem azul ou gris
só o desencanto de uma
tarde feroz

à beira do sol e do som de deus
com vento de não sei quê
tramando folhas sobre a janela do tempo
que tomou o corpo da casa e se deita cedo
para esperar o temporal
y nós perdermos os rastros proféticos
das orixás meninas porque nossa rota
era de água
e não havia pano para marcar o caminho
justo era posto o vento e nossa cara corroída
pelo sal cheia de sulcos
tranças refúgios do que um dia foi
dolor

acenda esse vinho defumado
despacio
ardente
de uma víbora cósmica
jaguatirica dos ventos
sem um costado para aturar

Para Marília Kosby mulher-jaguatirica dos ventos

no creo que
naquele dia
havia um arco-íris
en la ventana

As quarentais

agora meio que sinto umas quarentais
falando nas costas com aquele bafo áspero
de senhora menina que dorme
entre alguns estribilhos
daquela flauta que segue muda
quero uma coisa só minha
de *nosotras*
uma água um cântico ou sussurro
porque rodeada de um som lunar-passarinhedo
numa angústia de poder e nem chegar
a cada três ou dez fins do mundo
cruzando as pontes dessa tênue alegria
que brota uma vez em cada lua cheia
rasgando roupas e cozinhando o tempo
rompendo lobas no meio dos gravatás
onde a vó quebrava as vassouras de bruxa

queria aquele último tango
em Montevideo
de cruzada aos acasos
sentindo os ventos de la rambla sur
atravessando o portal de la ciudadela
para um *país inventado*
entre niños com corpo de cavalo
y todo algariamento de existir
num samba bem delirado
como se fossem velhas ancestrais
saídas de algum terreiro

Para Lucas Madruga e nosso encontro
ao acaso em Montevideo
algum momento do século passado
Lembrança de Isabel Allende

sorrindo
feito um pássaro
cantantemente perdido
rumbo às flores

Votos dos Quarenta

nesse canto mais recôndito da casa
no sol na murta perto do galinheiro
as nossas galinhas
primeiras ouvintes das minhas
poemas meninas
escolhi a luz do meio dia
para sentir o rastro
de vientos sem queixumes
e com a cabeça de Oxalá menino
a dizer sobre as boas novas que vem
do peito de Oxum e dos braços
de mamãe Iemanjá
enquanto deito a testa no rosto da vó
que me beija feito mãe
daqui em diante não sei o que dizer
só romper um caminar
y bens e tais
feito bolo de mel num entardecer

Lembrança de Caetano Veloso

desgarradas II

ainda tem cheiro de fumaça
do galpão
a guaiaca está mofada
pela bergamota esquecida
nem china nem *leontina*
 desgarradas
crina solta no vento
que vem forte da Lagoa
    iolele iolele
no canto-assovio
da sabiá em beira de arroio
 desgarradas
nem mato nem campo aberto
por vertente sendo
que pago nenhum amaldiçoa
nem noite nem lua cheia
 desgarradas
num eco de beira de sanga
catando estrelas no chão do rio
iolele iolele iolele
e o canto das cadelas
sapas
vilãs
nem chinas

nem leontinas
desgarradas

A partir de Leontina das Dores
de Luiz Coronel e Marco Aurélio Vasconcellos
Canto feito pela musicista e compositora
Ana Paula da Silva

quando puder derramar
sereia por vertente
em arroios e pedras milenares
no gosto-deleite das feras baias
escondidas nos matagais
com aquele bando
meio peixe meio gata
revirando o céu da boca na noite
numas flechas de fogo e galpão
bem-te-via com gosto de chuva e suor
batendo barbatana na serração da tormenta
no meio do pago nu arrebentando porteira
 na margem daquele mundo
quebrante brabo
e umas esferas derramando
a luz do dia

sorrindo
como se fosse
um pássaro perdido
sem céu ou guia
tendo o sul por destino
na imensidão das águas âmbar
sentidos y sussurros
mergulhando sem fim
no si mesmo y assobio

Lembrança de Ingmar Bergman
– filme Gritos e Sussurros

Para São Gonçalo como se fosse José

arranco o couro do meu garrão
salgo esta carne que dizem não prestar
sinto as lamúrias do vento
e do sol
que encarnam meu peito
sou gente depois disso?
os quero-queros dizem alguma coisa
naquela algazarra de nuvens
será mesmo sina?
seguirei
só
olhando lejos esse canal?
onde andam aquelas que são minha gente?
o ocaso deita entre as coxilhas
junto com as vacas
enquanto a milonga toca no peito
uma canção de *sôdade*

*Lembrança de Guimarães Rosa
e Cesária Évora*

sorrindo
feito una pájara desaforadamente
desgarrada

Este livro foi composto com fonte tipográfica Cardo
11pt e impresso sob papel pólen bold 90g/m² pela
Gráfica Odisséia, em Porto Alegre, para a Coragem.